MAHALTA
P O E S Í A

HACERME SOMBRA

HACERME SOMBRA

por

Alejandro González Terriza

MAHALTA
POESÍA

© Alejandro González Terriza

© Prólogo: Rafael Herrera Montero
© Ilustraciones de cubierta: Eva Ripoll Sánchez
© Fotografía de solapa: Fátima Sánchez Gómez

© Añil desarrollo gráfico, S. L.
Mahalta ediciones es un sello editorial de Añil desarrollo gráfico, S. L.
www.anil.es
www.mahalta.es

Colección Mahalta Poesía n.º 18
Primera edición: noviembre 2024

ISBN: 978-84-128976-0-9
Depósito Legal: CR 703-2024

Impreso en España
Diseño y maquetación: Añil desarrollo gráfico, S. L.
Impresión: Safekat, S. L.

Un saludo a la sombra

Como aquellos sofistas, denostados y brillantes, conjuga Alejandro una cosa y su contrario: el sueño con la vela, la derrota con el sueño, el deseo y la desidia, la sombra y la lumbre, la memoria y el olvido. Reconstruye, corrige e inventa una biografía hecha de lecturas y fulgores sublimes o miserias sublimadas, levanta una vida poética y echa cuentas sobre ella: vivir para contarlo. Se hace sombra: tan pronto se supera a sí mismo como anhela desvanecerse.

Todo eso pone Alejandro en palabras con el mejor regalo que se le puede hacer al lector: la sencillez, esa elegancia que solo se hace notar cuando falta. Fluyen sus versos con claridad y alegría. Léanse, cántense en voz alta y no temblará la respiración. No hay mejor prueba del oficio que se esconde tras este discurso de aparente llaneza.

Y hay mucho oficio también en la construcción de todo el libro, en la disposición de los poemas, en la sugerencia rica y múltiple de los títulos, en el aparato de una retórica bien aprendida, estudiada y convenientemente olvidada que aflora a cada momento para ampliar o suavizar el tono que acompaña la idea, la reflexión, la sensación.

Y algunas claves —pocas— de lectura, como se supone que, aparte de dar fiel testimonio de admiración y amistad, debe ofrecer un prólogo. No quiero destripar, como algunos críticos sanguinarios, los bien velados y poco celados secretos del libro, sino apenas apuntar los goznes que articulan la lectura y que Alejandro ha dejado entreabiertos con muy clara intención —consciente o no—: atención a los títulos de cada sección, atención a los tres poemas que, consecutivos, articulan el centro del libro: «Canción de sirenas», «Hacerme sombra», «Ayahuasca». Desde ahí se tienden los hilos que van trenzando este libro que puede leerse/decirse desde cualquier extremo.

Un abrazo agradecido para Alejandro y para este libro que he visto crecer y multiplicarse.

RAFAEL HERRERA MONTERO,
traductor y poeta

I
Objetos perdidos

El bosque

Lo que busco no vive en este bosque.
Pero yo vivo en este bosque.
Le pertenezco.
Cuando sus lindes se desdibujan (yo lo he visto),
mis lindes se desdibujan también.

Reducido a mi almendra, soy tan solo conciencia
de que todos los bosques son florestas de engaño,
palabritas de niebla, mataderos en flor.
Por eso las canciones, los poemas, el arma
que en mitad del conjuro resquebraja el hechizo
y me dice que puedo —si me atrevo— escapar.

Pero nunca me escapo. Pertenezco a las flores,
a su pueblo de espejos, a sus cables de luz.
Aquí viven los míos, aquí debo esperarla
mascullando entre dientes que este bosque no es todo,
que yo vine de afuera; que no soy el que soy.

MULTITUDES

Una gente muy rara me persigue
por dentro: un Aqualung, un erudito
chinesco, un guitarrista coreano,
un poeta con siglos de experiencia,
un niño que no sabe bien las letras
pero adora a su prima, un dibujante
que ofrece sus bocetos a la lluvia
para que los mejore, un bailarín
que ensaya su rutina ante su padre,
un loro de Babel, un gato enfermo,
un grupo incandescente de palabras,
una mano dormida bajo el agua.

No pueden ser, los pobres. Tanta gente
que podría ser yo si yo no fuera
lo que soy, lo que puedo: casi nada.

En oferta

Paso a hablar de mí mismo
como quien, por traspaso,
se ve forzado a recorrer su casa
ofreciéndola a algún comprador.

Esta (¿ves?) es mi infancia,
similar a ese cuento en que tres niños
van partiendo a encontrarse con la Muerte
y solo el más pequeño logra huir.

Este que ves es mi primer amor:
no fui, pelegrinito, rumbo a Roma
ni casé —como Darwin o los padres
de Miguel de Unamuno— con quien era
a un tiempo mi familia y el presagio
de todas las delicias.

              Si alguien quiere
suponer que esa sed nunca calmada
del beso de una niña hecha de obstáculos
explica ciertas llagas encharcadas,
quizá tenga razón.

              En cualquier caso,
las tumbas (solo nubes de cenizas)
que ves flotar ahí cierran de forma
veloz este capítulo. Prosiguen
otros más, pero yo ya me detengo.

ENTONCES

Tenías quince años y temías
que nadie te quisiera, o solamente
tus padres, tus hermanos. Con amigos
—de los que queda alguno— y con fantasmas
andabas todo el día, y te sentías,
no obstante, solitario, de otra pasta
que todos los mortales. En tu orgullo
pensabas que antes de volverte viejo
vendrían a buscarte para darte
la Eterna Juventud que merecías
por tus muchos y lúcidos pecados.

Entre tanto llegaban (¿se perdieron?),
los años han pasado
y el poema que inicias con tu letra
amarga, impopular, insobornable,
lo prosiguen (¿o acaban?) estos trazos
dulciamargos, ambiguos, sosegados.
Amabas tanto la literatura
como odiabas a los que se decían
capaces de enseñarla. Sobre eso
la vida se guardaba sorpresillas.

Como todo inmortal, nunca pensabas
en morir. Hoy lo hacemos poco a poco,
tú y yo, yo por ti; tú no sospechas
que eres yo; yo no siento que lo seas.
Sin embargo, una misma soledad
nos acoge en la noche. Vagamente,

privado de otra cosa que tú mismo,
presientes que serás el que recuerda:
aceptas lo que no puede cambiar,
vislumbras esta lúcida condena.

EMPALABRADOS

Tal los adolescentes que acuden a los parques
a destruir su infancia, así con las palabras
uno juega sabiéndolas falaces. Solo el juego
las lleva donde quieren. Solo entonces
nos dicen la verdad: que solo es cierta
la lengua en su sabor. Nunca en su letra.

MIGAS DE PAN

Porque el mundo exterior es de juguete,
pero clava sus dientes en los niños
que escapan, cual suspiros, de su casa
y emprenden el regreso hasta la tierra
del hálito, la muerte y el cansancio.

No hay sitio que no esconda una obviedad.
La vida es un aciago pormenor
y un duende que no encuentra su cabeza.

Ecualizando

Porque el mundo
no es un lugar seguro, sino un sitio interesante
donde vuelan las balas y también las palabras
a un ritmo endiablado que arrastra el horizonte,
y no somos nosotros la pupila del cielo,
sino arpegios dispersos que dispara la lluvia;
por eso, no me digas que soy esto y aquello.

Lo soy, pero tan poco
que mientras me sentencias
ya apenas me distingo,
ya soy ruido de fondo.

No doy nada por sentado

No doy nada por sentado
(si lo di, me equivocaba).

Cada día es duro y frágil;
nocturna cada mañana
y el peso de mis errores
me hizo caer donde acaban
hechos migajas de sangre
el pudor y su esperanza.

Sé lo que soy: poca cosa
macerada por la nada.
Soy Teseo y soy el monstruo
con el que afila su espada.
Tengo miedo, y eso es todo
lo que tengo. Nubes. Cáscaras.

El regalo

La belleza del cuerpo cuando estalla
igual que un barco en llamas,
la belleza que teme el puritano
pero siguen sus ojos, fascinados;
la belleza que el mundo se reserva
o nos lanza de forma inesperada,
esa es toda la gracia que deseas
y que a veces obtienes.

                           Da las gracias,
si puedes; y si acaso
un día te destruye, nunca olvides
que en su búsqueda fuiste concebido,
que eres solo la sombra de su marcha.

COCHES DE CHOQUE

El camino a la verdad
atraviesa ciudades extrañas.

Pasan los años
en dirección prohibida
—y con las luces largas encendidas.

PARENTESCO

Hermano del señor que se equivoca,
de la chica que no sabe si quiere
que la dejen en paz o la persigan,
del pez que se recorre la pecera
en busca de otro pez que lo devore,
del profe que ha perdido sus exámenes,
del niño que ha perdido ya la cuenta
de cuántas veces
cruzó el bosque sin ver llegar al lobo,
del pueblo que se esconde
entre piedras de *hash*, del horizonte
que, ajeno a su función de efecto óptico,
da límite al que escapa de sus sueños.

Al fondo irregular de la jornada,
florecerá el cansancio: la promesa
de ser otra vez fuertes —mas no ahora
que todo se decide por ser triste
como la religión de los enfermos
y el humo de los charcos. Demacrados,
volvemos a tener quince mil años,
a equivocar la voz, a embelesarnos
con el vuelo de un ángel que atraviesa
como una bala la piscina muerta.

Un verso se corrige con rigor.
Aquel con que la muerte nos adiestra.

SITUACIONES

Caí en la cuenta
y no volví a salir.
Cierra la puerta.

* *

Conozco la tristeza en muchas tallas
y no pienso probarme algunas de ellas.

* *

Decir una mentira de verdad
requiere tanta ciencia como fuerza.
Lo común es mentir con la verdad
pixelada, confusa, mal impresa.

* *

Es decisión de Quien Puede
que todo parezca nuestro
hasta que se nos escapa.
La juventud, la impaciencia...
La canela —y su derrama.

* *

La poesía culta, también ella
a mi lado, como un gato perverso,
incapaz de vivir de lo que mata,
pero rey, sin embargo, de mi casa.

Los versos saben siempre dónde van.
Nosotros, solamente que nos llevan.

* *

Mantenerse al corriente
de las nubes que pasan.

* *

Melancolía.
Me quemé con la sopa
y ahora está fría.

* *

No hay nada en este mundo
tan importante
que no puedas perderlo
en un instante.

* *

Sé y no sé lo que me pasa:
lo que ha olvidado la chispa,
aún lo recuerda la brasa.

* *

Vivir es atreverse a recordar
quién somos —y seguir como si nada.

CUANDO HA PASADO EL DÍA

Cuando ha pasado el día, pero sigues
aquí, tu mano mínima,
donde tanto consuelo y alegría
se vertió para mí, donde bebía
sin ninguna aprensión el sol secreto
con que aprendí a mirar lo que venía
a crecerme y herirme.

Hoy tan ligero como
el peso de la sombra, que refresca lugares
o los hace siniestros.

Hoy resuelvo tus dudas
como arranco una cana o me desquito rompiendo
con las muchas palabras el eterno silencio
donde van nuestros nombres traduciéndose a cero.
Queda solo tu mano, que es la mía, aferrando
la de un niño que juega y nos dice riendo:
No me puedes matar, porque la Muerte es un juego.
Porque somos los protas. (Aunque vamos perdiendo).

Equilibrios

La vida busca luz en sitios raros.
Lo que no nos gustaba nos observa
pidiéndonos la vez.
                        De entre nosotros,
algunos pasan a creer en Dios
y algunos se descubren españoles
o votan a la opción más estridente.

Yo vivo, como antes, de tu amor
omnívoro, certero e inconstante.
No tengo soluciones, pero sé
que avanzo disolviéndome en la angustia
mediado, comprimido, inconsolable.

CONTEXTO

Es justo lo que pasa. Piensas:
quizá la vida pueda detenerse
y seguir el poema. Pero eso
es justo lo que pasa:
tan solo unas estrofas de un poema
más largo son tu vida,
un tramo de este río, que no avanza
más allá de sus piedras, pero siente
la añoranza del caos,
la promesa del mar.

Otros versos corrigen los que andamos diciendo.
Mis palabras son solo las rendijas de un sueño
y yo solo el sombrero que se pierde en la noche,
que atraviesa la luna, que encontré en el desván.

EMERGENCIA

Siempre hay una salida. Es ilegal
o inmoral, según credos, pero lleva
donde quieres llegar. No es imposible
y no puedes dejar de imaginarlo.

Al alcance de un *click*, de una llamada,
guardadas en su funda o en su envase,
encriptadas, secretas, soterradas,
tus cómplices esperan que decidas
cortar las cintas pálidas del vals,
quebrarte sin piedad contra tu cáscara.

Hasta nunca

Se deshacen
los árboles cansados de sus hojas
y lo hallamos hermoso.

Se suicidan
los artistas, custodios de la angustia,
y esto torna su obra más vital.

Me despido
de ti cuando comienza
nuestra unión a volverse irremediable.

Como las hojas,
el viento nos baraja y reanuda
su ejecución de rutas y esperanzas.

MEMORIAS

Viví algún tiempo dentro de mí mismo.
No es un lugar que yo les recomiende,
aun cuando puede ser que a cada uno
le crezca algún espacio parecido
en el que gravitar y hacerse cruces.

He visto las palabras desde fuera
y amado su fragilidad patética.

Perdido como solo estás perdido
en el centro de todo, me quedaron
tres nombres que aún me hablaban. Los evoco
y me asombra pensar que ellos existen
donde yo solo soy un mal recuerdo.

II
Entresueño

DEVOCIONARIO

Me entrego algunas veces al amor,
otras a la prosodia, pero siempre
al sueño,
que un día, sin que nadie lo corrija,
habrá de reclamarme, como dueño
de mi carne, mis telas, mis dos manos,
mi torpe devoción
                 y tu veneno.

RUMORES

La poesía,
esa versión por confirmar del mundo,
esa demo sin clave donde puedes
—modo Dios— ser esclavo del deseo
y señor de la angustia,
es el lugar donde tu soledad
comienza a hacerse múltiple y burlona,
rugosa como lengua de felino,
certera como un sol cuyos deslices
alumbran fugazmente lo invisible.

Allí donde no duermes, te acompañan
las cosas que no acaban,
los nombres que no sabes, la promesa
que cumples aunque ya no la recuerdas.

Es amor lo que mueve esta función
y nieve lo que cubre esta escalera.

No puedes escapar de su rigor
ni aspirar a otra patria que su espera.

INSTRUCCIONES

Hay que sobrevivir a la explosión.
Sembrarse donde nadie nos sospeche.
Fingir que nuestro empeño es un proyecto;
nuestro amor, ambición; nuestras sospechas,
un grumo respetable de creencias.

Hay que vender el alma, sin decirle
a nadie que la casa está encantada,
que este libro es tan solo la fachada
de un imperio ilegal: el doble fondo
desde el que el otro tiempo nos contempla.

La medida

Alguna vez la vida es suficiente.

Casi siempre se excede. No sabemos
desde dónde sus ojos nos contemplan,
qué nubes nos atañen, con qué voz
se canta la canción que nunca espera.

A bordo de un instante, la razón
del pulso y el secreto ya se aleja,
para volver quizá cuando la noche
coincida con las lindes de los muertos.

Deseo ser la clave. Soy la voz
que recita en la noche sus empeños.
Las manos acarician la obviedad.
Un gato ronronea en el espejo.

AL INTERIOR

Arte de lance:
rebañar las palabras
a nuestro alcance.

Ser
el siervo del tiempo
que me regala
el reverso del sueño,
su cara mala.

Esperar que se duerma
la oscuridad,
que el cansancio domeñe
la eternidad
y me dé su regalo:
con él pasar
donde ya no hay palabras
que apacentar;
donde ya no hay poema,
solo verdad.

CANCIÓN DE SIRENAS

Ven con nosotras. Aprende. Regresa.
Eras solo palabras
y creías ser músculos, carne,
osamenta, salmuera.

Vuelve a tu ser. Déjanos a nosotras
la dulce tarea
de roer en tus huesos el tuétano
de la conciencia.

Hacerme sombra

Tengo un afán difuso
de hacerme sombra,
ser el nombre olvidado
que nadie nombra,
la rendija invisible
por la que pasa
la que no tiene llaves
a cada casa.

Soy de pronto imposible
—pero soy cierto.
Tengo todas las vidas
de los que han muerto.
Vivo en ti como vive
lo que no existe.
Soy la risa que sabe
por qué estás triste.

AYAHUASCA

Dios está en todas partes. El hambre
lo conduce a tu espíritu enfermo,
a ese oscuro recodo que acaso
preferías hurtar.

                    Mas es tarde.
Su silencio pronuncia tu nombre
y el Espíritu invade tu carne.

DANI Y LOS MUERTOS

A mi amigo Daniel, el chamán,
le visitan los muertos
en la forma gentil en que suelen
hacerlo los sueños.

Son la yema del tiempo;
la voz
que desata el silencio
y nos dice: *No temas caer.*
La verdad vive adentro.

Mi amigo,
con un pie en cada mundo,
sostiene el espejo.

* *

Los muertos nos ayudan, dice Dani,
y es verdad. Unos vienen a llevarse
las tildes del dolor, otros aclaran
la letra indescifrable de un recuerdo.
Somos muertos en vida. ¿Dónde están
los que fueron? Adónde sino aquí,
donde rompe la voz de su silencio.

* *

Los muertos nos dan vida. Algo de aquello
que estaban por hacer fluye en nosotros
con la energía de lo irreparable.

DUERMEVELA

¿Cómo explicarte
que la conversación de la que hablas
es solo el eco de nuestras pisadas?

* *

La hora de la cita
es orientativa
—pero los perros saben
cuando se aproxima.

* *

Lo que yo te digo es cierto,
pero aún es más lo que no:
monedas tiene la sombra
que no brillan bajo el sol.

* *

Porque me lo pediste,
crucé las sombras.
Si llego ensombrecido,
¿de qué te asombras?

* *

Yo sé lo que me digo.
Y sé que lo imposible
ya ha sucedido.

El héroe es un fantasma

El héroe es un fantasma. Se aparece
en forma de serpiente
en la arena revuelta de su tumba
y enferma con su luz a los que lloran.
No siempre es bienhechor, aunque conviene
llamarle de este modo.

No aceptará morir.

Habrá que darle
lugar —y no cualquiera— en nuestra vida.
A cambio, él cuidará
                    de nuestros monstruos.

Para huir de la muerte

Para huir de la muerte
tomamos el camino que conduce,
como todos, a ella, pero aquel
donde menos se siente su sombra.

Brilla el sol, y en el oro del tiempo
alguien tiende una mano de fuego
que nos dice: *No temas*; temblamos
y agarramos sus dedos gastados.

La casa

Naciste para regresar a casa,
para nunca escapar de sus pasillos
que llegan hasta el fondo y lo traspasan.

Eres el habitante de las sombras,
la luz que echa la siesta en las persianas,
el suave ronroneo del silencio
respirando debajo de la almohada.

En la tensa y eterna duermevela,
en los sueños, la casa te acompaña;
se llena de presencias.

Naciste para regresar a casa.
Allí llevan las calles.
                              De ella emanan.

OCASIONES

Cuando solo
desees dormir,
es probable que el sueño te abandone.

Cuando no tengas nada que decir,
vendrán a incomodarte las palabras.

Cuando quieras perderte en el error,
te encontrarás a solas, cara a cara,
con la verdad: no esperes soportarla.

Tenía sueño

Tenía sueño
y me senté a esperar el fin del mundo.

Primero se acabaron las cervezas
y luego la paciencia del olvido.

Nos devoró la noche y nos quedamos
tranquilos, lejanísimos, soñándonos.

III
Sentimientos encontrados

FUERON AÑOS MUY BUENOS

Fueron años muy buenos. Nos quedaba algún tiempo
(ya se ve que no tanto)
y el Amor vino a vernos y sacarnos de casa.

Nos buscamos en otros y bebimos sin ascos
de una sola botella sin tapón a la vista.

No faltaron estragos, maldiciones, peligros,
pero solo en momentos puntuales subían
del trasfondo a volverse capitanes del día.

Nos hicimos amigos y juzgamos que el riesgo
verdadero era hundirnos en el torvo aislamiento
de quien piensa que nada puede ya sorprenderlo.

Nada vuelve, y no sabe nadie qué nos espera.
Pero fueron muy buenos. Ojalá que los vivan
estas prendas de amor que hoy me abrazan con fuerza.

No dejar al alcance de los años

No dejar al alcance de los años.
No dejar al alcance del olvido
estos versos que dicen lo que dudan
y agarran una mano que se cierra.

Dejarlos a tu vera, por si acaso.
Sentir cómo tu vista los despierta.

Brisa marina

No se puede pasar el mar a limpio.
Tampoco retratar de cuerpo entero
sus maneras retráctiles, de luna
o colmillo voraz.
               Como la mar
eres tú, mi lectora, mi lección.

Yo soy los pies de un niño en tus arenas,
el pez que se refugia en tus abismos,
la suciedad que purgan tus mareas.

A veces quiero ahogarme: hacerme tú;
otras veces, vivir para contarlo.

Canción de papel de plata

No puedes negar que somos
los mismos que fuimos, pero
ya miras por dónde huimos,
ya sabes que no hay caminos
más dulces que los que llevan
donde no podemos ir.

Te tengo. Me tientas. Eres
la almendra de las mujeres,
el sol que no da su do.
Me tienes donde tú quieres
—y allí es donde vivo yo.

A MÁS TARDAR, MAÑANA

A más tardar, mañana
abriremos sin miedo la ventana,
dejaremos entrar al viento norte
con sus botas manchadas de neblina,
llevaremos el sol a la cocina
y la luna al salón.

Cuando se corte
la vida, encenderemos una vela
y hundiremos las manos en la tela
cuya urdimbre llamamos corazón.

Seremos muy pequeños, ya tan tarde.
Y en el lago de sombras, lo que arde
seremos. El color de su canción.

No me digas la verdad

No me digas la verdad.
Haz que suceda algo que no sepas,
que no puedas contar, algo que sea
difícil de entender y de olvidar,
como un niño con ojos de reloj
o una mano que crece entre la yerba.

Ámame si te atreves a olvidar
quiénes somos y cuántos nos observan,
quién puso entre nosotros esta espada
que separa tus labios de los míos,
lo falso de lo eterno
—la voz de la tiniebla.

Resumiendo

Hallar la oscuridad más convincente
que la luz; amar esta, sin embargo.

Arder, si ello es posible. Darnos algo
que no nos pertenece, pero enciende,
allá donde vayamos, nuestros pasos.

Quererte como no he querido a nadie.
Saber que tú lo sabes. Apagarnos.

Disfraces

Acurrucar el mar, cambiar de mano,
sentir que salvo tú nada me importa;
abreviar una historia que se corta
y cegar esta luz que llora en vano.

Darle cuarto y mitad a este gusano
que roe nuestros nombres y conforta
con ello su ansiedad; segar la absorta
mirada que recorre nuestra mano.

Ser amigos, ser agua, ser lo mismo
que una tarde cualquiera; tener hambre
y colmarla con sombras y antifaces.

Asistir al final como un enjambre
de nubes que se arrojan al abismo
dejándose en las zarzas sus disfraces.

IMPERDONABLE

Inútil pedir perdón
por estar hecho de carne, de costumbres
no siempre homologables, de hojarasca
que cubre la profundidad de un charco.

Como nubes de un cielo por borrar
transcurren nuestras vidas. Un relámpago
anuncia que te acercas a mi casa.

CANCIÓN DE AMOR INCONSTANTE

Da lo mismo. Da lo mismo
la lujuria que el cariño,
la montaña que el abismo,
ir con otras que contigo.

Al final todos queremos
que nos quieran. No es lo mismo
el miércoles que el domingo,
ser igualmente distintos,
dos más dos que un algoritmo,
un videojuego que un libro.
No es lo mismo. Pero al cabo
viene todo a dar lo mismo:
tiempo al tiempo, juego al niño,
rodeos a la cadena,
orgasmos al organismo.

Estamos solos. Y en eso
estamos todos unidos.
Comunicas. Hoy no puedes.
Un entierro y un bautizo,
una boda y un encierro,
Bach y la murga del grillo,
las dos hermanas de Utrera
y el submarino amarillo.

No te preocupes. Te quiero
tal como quieras o puedas
estar para mí. A tu ritmo.

A veces no lo soporto
y casi pierdo el sentido.
Otras le encuentro la gracia.
Al final, todo da igual.
Sigues en pie. Te conozco
y vives en mi ciudad.
Lo demás me da lo mismo.

PAPELES

A veces, soy feliz perdiendo el tiempo,
perdiéndome en el tiempo,
perdido en la profundidad del templo
y hallado en la obviedad de tu sonrisa,
a tiempo de aceptar que llega el tiempo
en que seremos algo más que amigos,
algo menos que niños.

Hace tiempo que está llegando el día,
que está cambiando el tiempo
y en él nuestros papeles
cosidos por
el aguijón del viento.

Casos perdidos

He perdido las llaves tantas veces,
la cabeza y el ánimo y el tiempo,
unos cuantos exámenes y a veces
la libreta mayor donde se anotan
las plumas del pesaje de las almas,

ese papel de pronto imprescindible
condenado a borrarse en el olvido
una vez lo procese quien procede,
el teléfono en donde me aguardaba
una voz cariñosa y soñolienta,

el billete con el que confiaba
pagar a mis deudores, ese libro
donde guardé una foto tan hermosa
que tuve que robarla, tantos nombres
que podrías poblar con ellos solos
la inmensa Samarkanda,

la vergüenza y a veces los papeles,
y aun el ritmo
y la oportunidad de no enviarte
palabras que mejor fuera perderlas.

OBVIEDADES

La distancia me dicta sus verdades,
pero yo las ignoro. Sé que solo
son grumos y pelusas. Obviedades
que aspiran a ser todo.

Por muy poco
se deja sentir algo diferente
que altera la ecuación. Siento tu sangre
bañándome de luz y sin rozarte
me adentro en el frescor de este verano
alérgico, imprevisto, bienamado.

QUE EL SOL TE DÉ

Al cabo ha de alcanzarte
la luz de la mañana:
serás lo que no eres,
tendrás lo que te falta
—y así estarás conmigo.
Sin miedo ni esperanza.

INTIMACIONES

Airada, me pusiste
dos velas negras;
su luz es el consuelo
de mis tinieblas.

* *

De corazón te lo digo:
antes que vivir con otra,
prefiero morir contigo.

* *

La memoria es un arca
de doble fondo;
donde no me recuerdas,
allí me escondo.

* *

Mi corazón:
este sitio en que vives
sin mi permiso;
esta herida infectada
de paraíso.

* *

¿Qué tengo yo que darte
que tú no tengas?
¿Con qué nombre negarte
que tú no vengas?

TE ABRÍ MI CORAZÓN MÁS DE LA CUENTA

Te abrí mi corazón más de la cuenta
y no tengo muy claro lo que viste;
te pusiste contenta; luego huiste
a salvo de mi intensidad sangrienta.

Como el hombre que cría lo que inventa
con su propio licor (prodigio triste),
habito este dolor que me alimenta
con lo poco de ti que en mí quisiste.

Sabes todo de mí; yo de ti, nada
que se pueda contar en estos versos.
Que eres mala, quizá; tal vez, a ratos.

Que eres fresca y letal, como una espada.
Que te juntas con santos y perversos.
Que te temen los niños y los gatos.

El amor es un gato

El amor es un gato. Ten cuidado
con sus bolas de pelo, sus arenas
perfumadas o neutras y la lija
sedosa de su lengua. Si se lava,
es con su propio jugo. No pretendas
que quiera lo que quieres o que sepa
cuál sea su deber. Ni siete vidas
le aguardan ni una nébeda infinita.

No importa dónde entierres la verdad
—él hallará la bolsa
donde esperan, golosos,
los huesos del pollo.

Renuncia

Procurar que no falten pasajeros
cuando el viaje concluya; mantenernos
al corriente de saldos e hipotecas
y templar la virtud de los infiernos
con flores, esmeraldas y muñecas.

Renunciar a mis ojos para veros
como sois donde nadie os ilumina;
tener el alma en paz; la piel tan fina
que sienta cada indicio que os anuncia.

Aceptar tu presencia —y tu renuncia.
No quejarme de nada irremediable.

La virtud que hace regalos

Toma lo que te den. No quieras nunca
sino lo que te llegue, cual regalo
de quien así lo entrega. Nada vale
la pena cuando es tuyo por entero.

Lo más tuyo es ajeno, como el aire
que respiras y que te da la vida.
Amar es una tregua. Que te amen,
el fin inesperado de la guerra.

Contraste

Tenemos pareceres encontrados.

Tú piensas que el pasado queda lejos;
yo, que el presente mismo es el pasado
rompiéndose al llegar hasta la orilla
en miles de recuerdos fragmentarios
o resistiendo el roce del olvido
como la mole del acantilado.

Tú piensas que el pasado nos ha unido;
yo siento que es así como llegamos
hasta la rima pálida del fondo:
heridos y cogidos de la mano.

CUANDO YO MUERA

Cuando yo muera,
mi trocito peor se irá conmigo:
mis caries, mis traiciones, mi molicie.

Ojalá algo de tanto como anduve
cantando y escribiendo, del cariño
que encontré en los que amaba,
tarde en morir un poco más que yo
y deje de ser mío. Solo entonces
dejará de morir, cuando no sepa
la muerte en qué paquete empaquetarlo,
en qué nicho enterrar las pertenencias
a nadie (y a cualquiera) pertinentes.

Ojalá que no sepa que te amé.
Que te busque y se pierda. Que el amor
la envuelva, la redima y la ensordezca.

REMATE

Porque no te perdieras,
te di mis señas;
recorriendo mis versos,
te me despeñas.

¿Quién me manda a mí esto?
Y el remitente,
que es tan solo mi sombra,
ríe insolente.

Vuelve el rayo a su nube,
agua a la fuente,
y yo vuelvo a llamarte:
tú eres la muerte

de todos mis desvelos,
tú, que de un golpe
resecas el torrente
de mis deseos

y al cerrar este libro,
me das el sueño.

Índice

MAHALTA
P O E S Í A

Esta edición de

HACERME SOMBRA

quedó dispuesta para la tinta
en octubre de 2024,
los días eran frágiles